Pat

by Sascha Goddard

illustrated by Beth Hughes

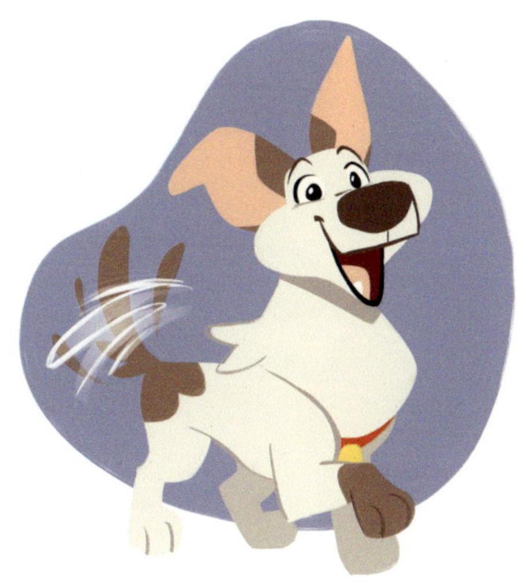

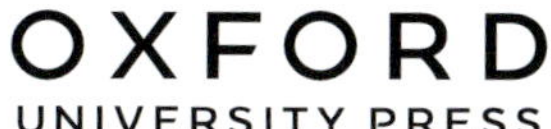

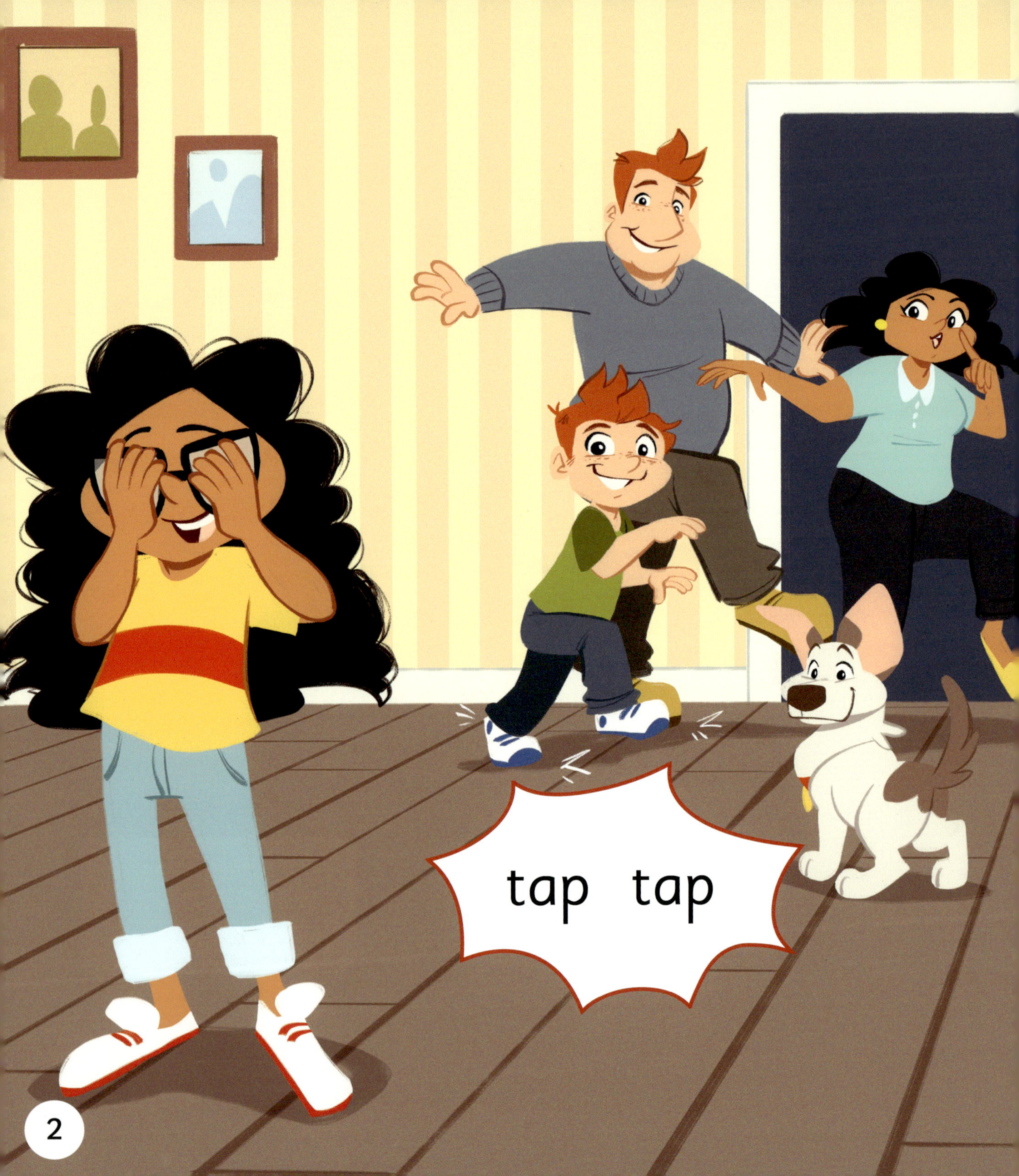
tap tap

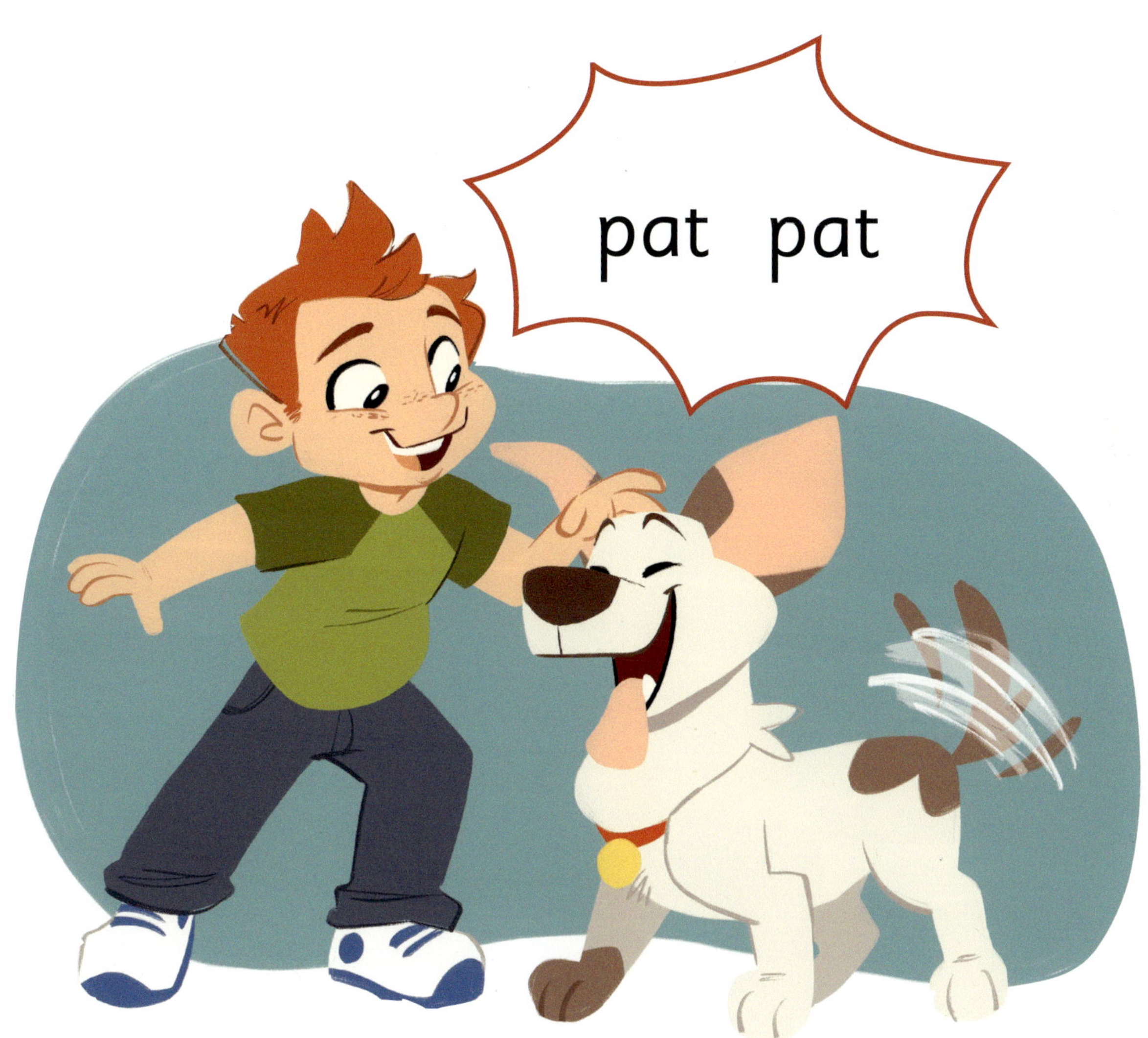
pat pat

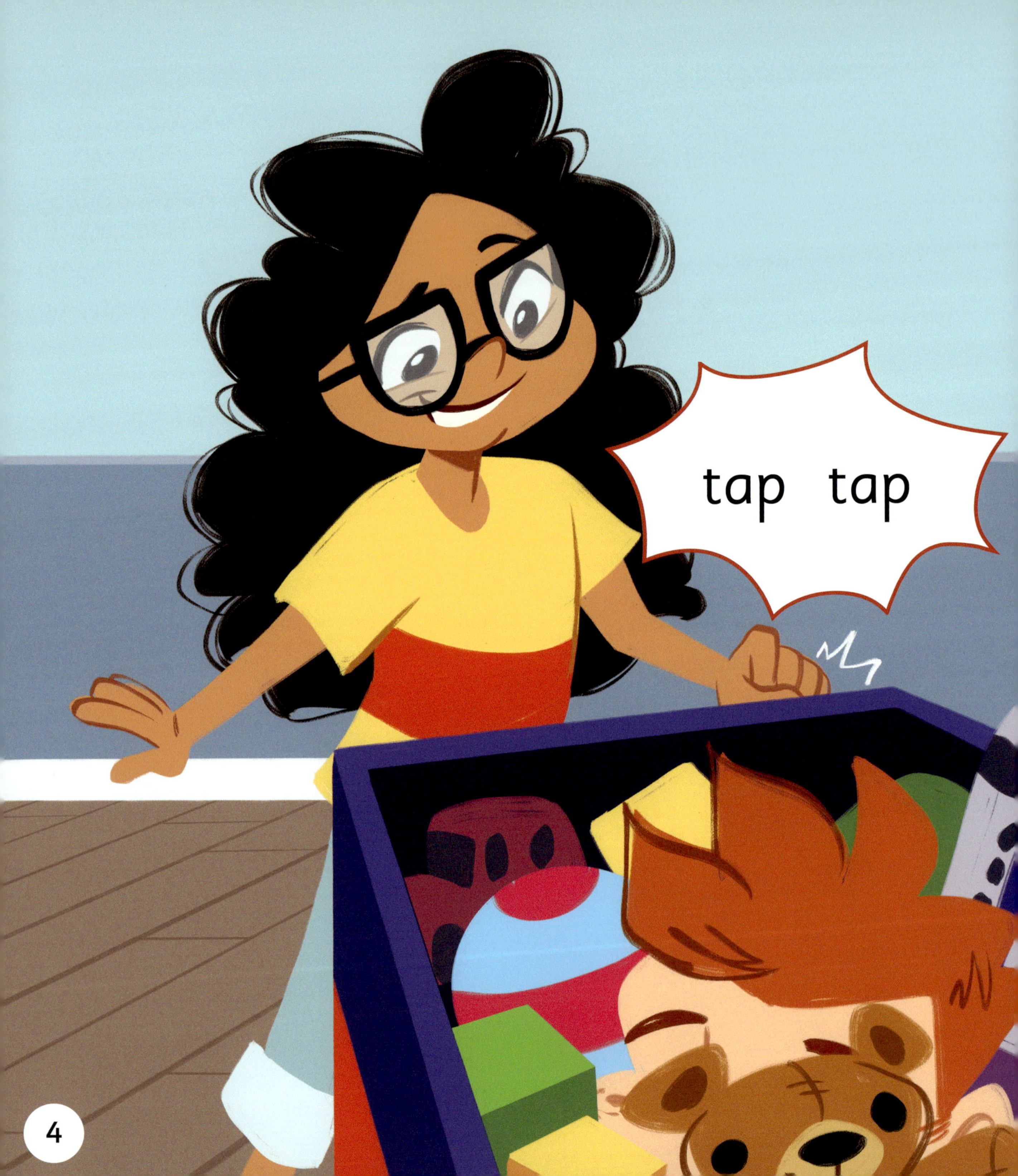
tap tap

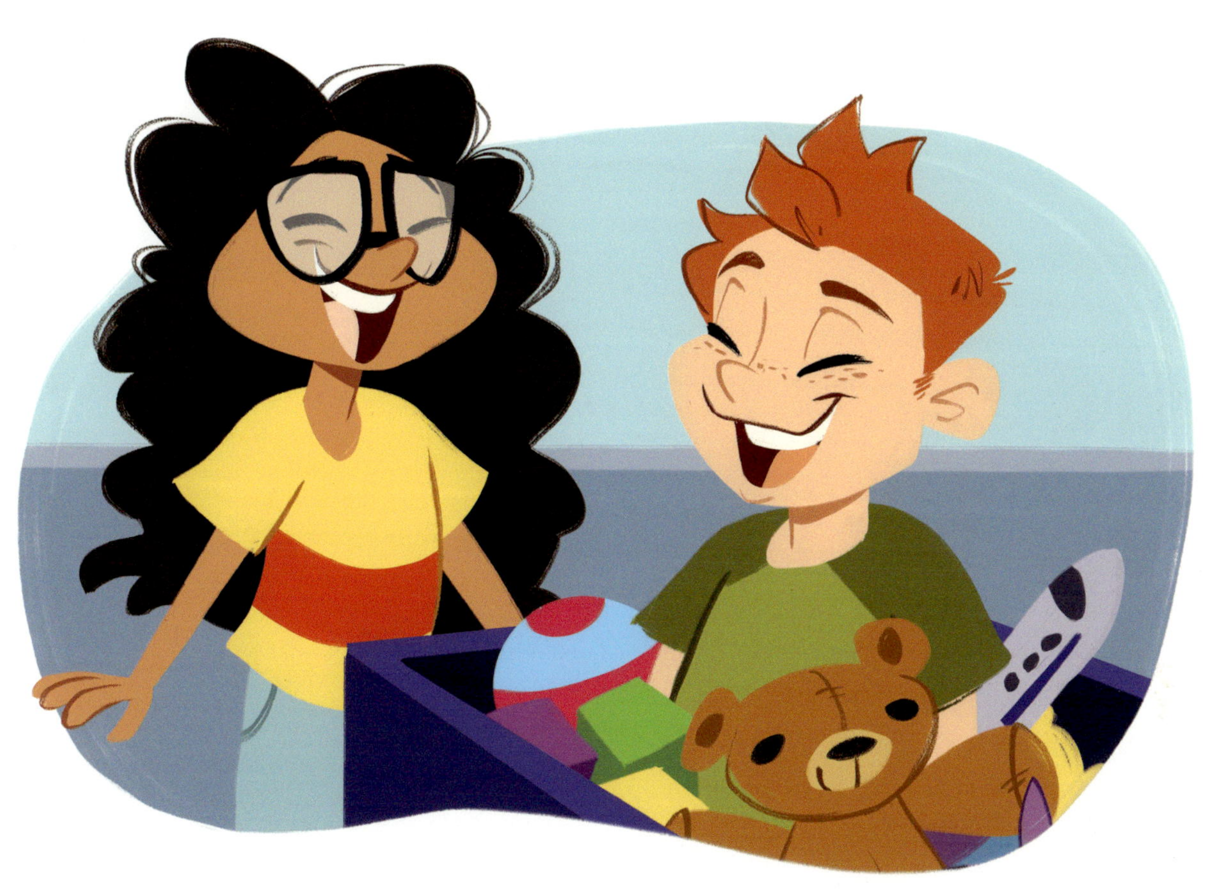

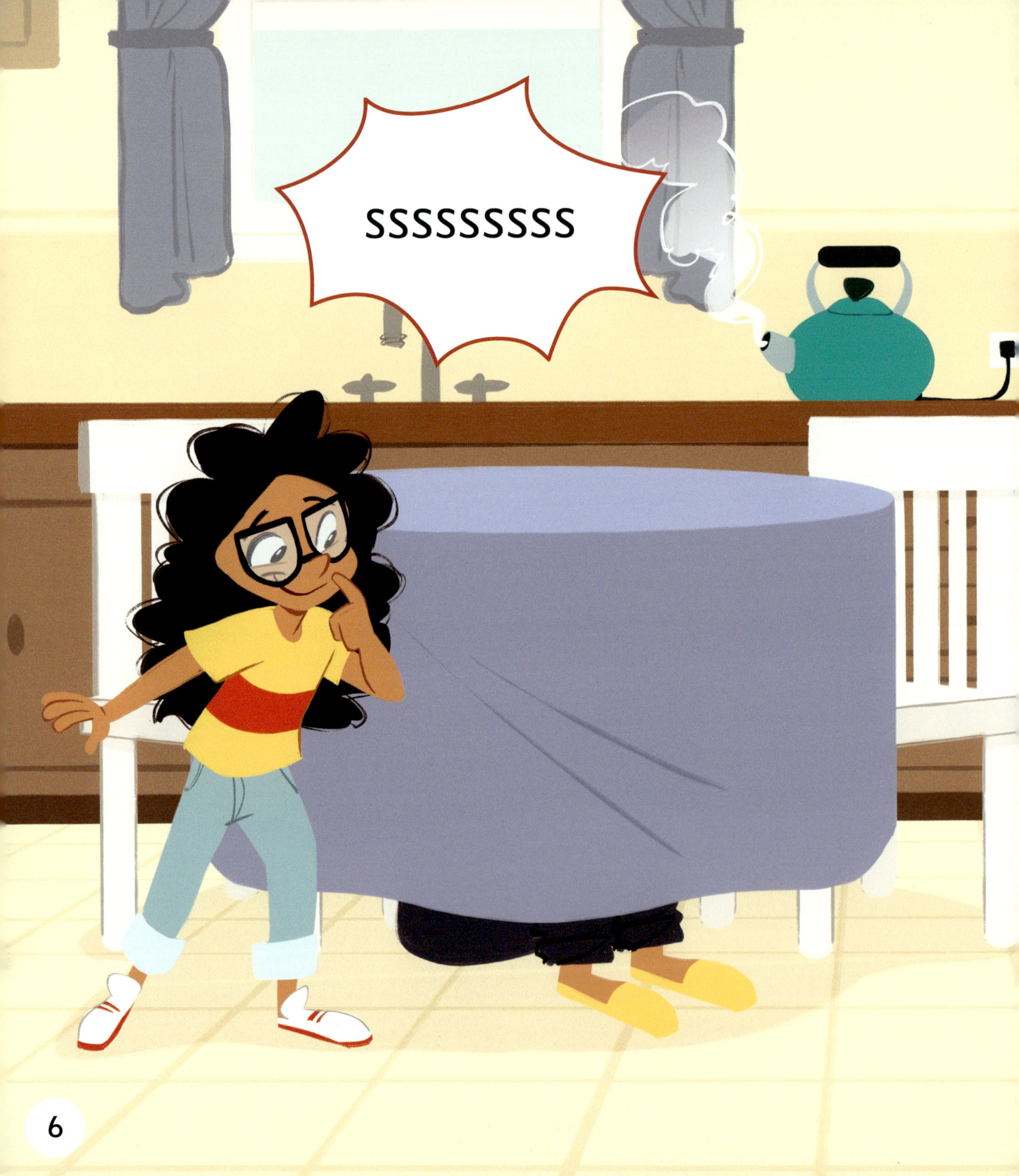
sssssssss

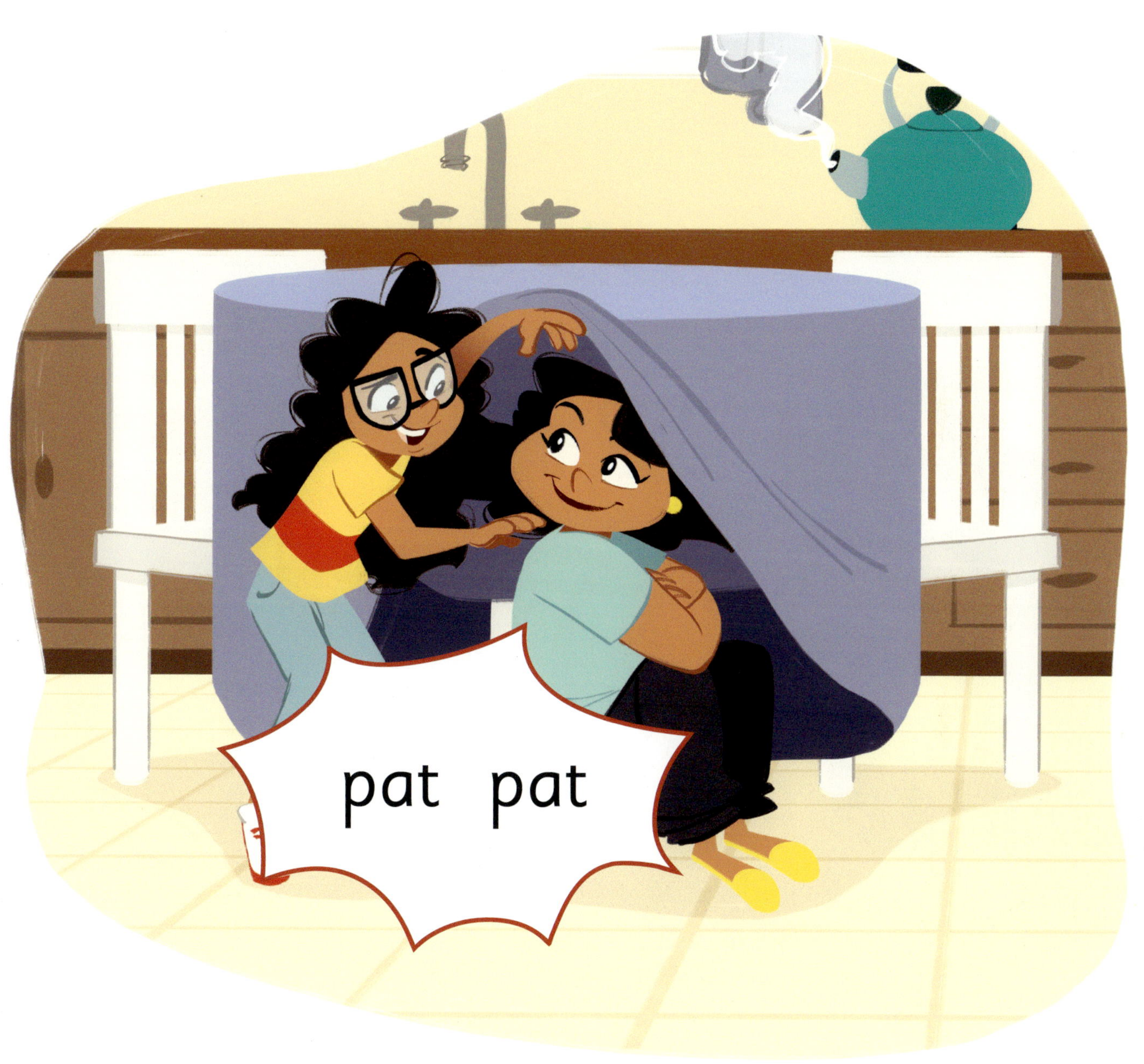
pat pat

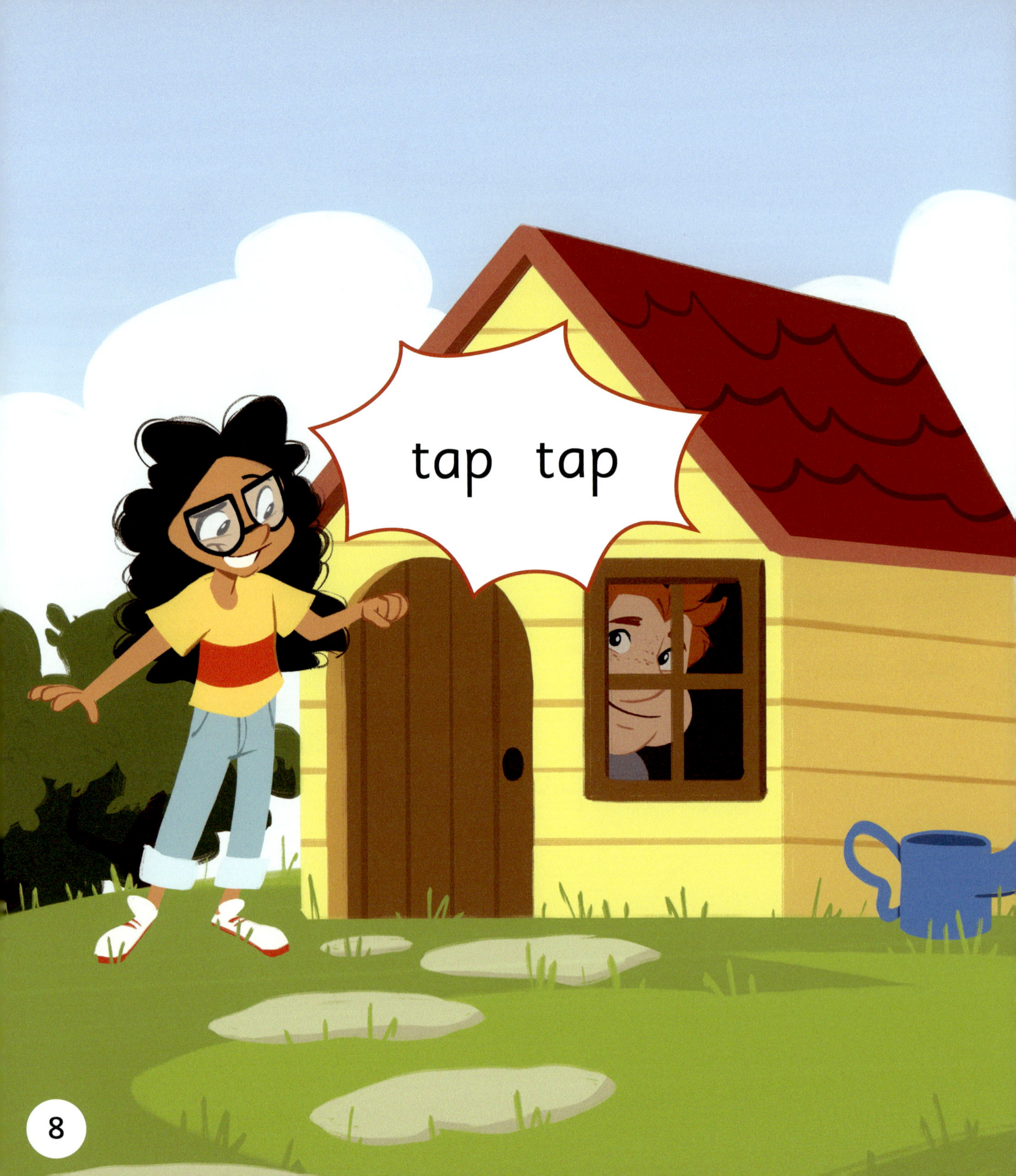
tap tap

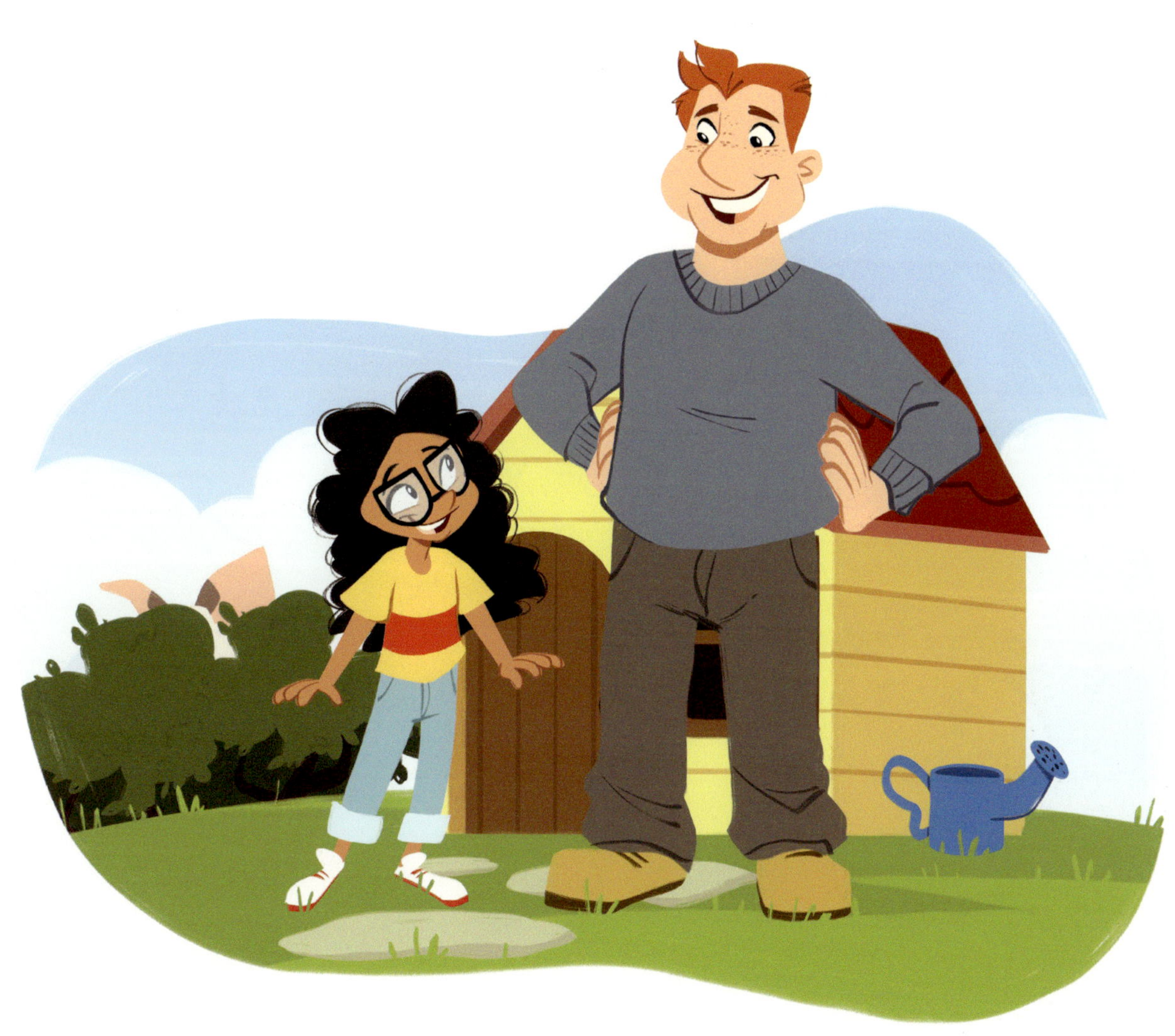

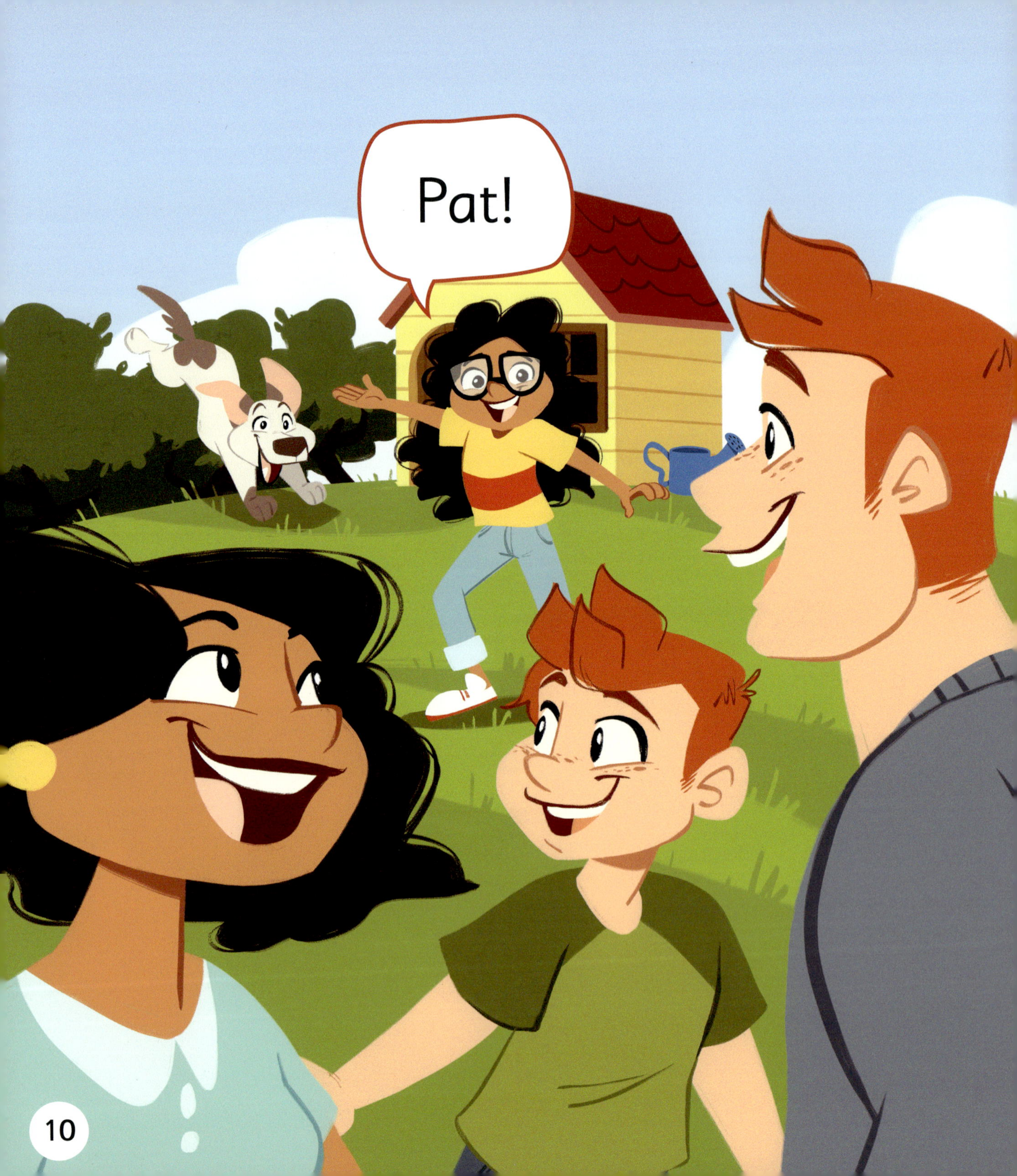
Pat!

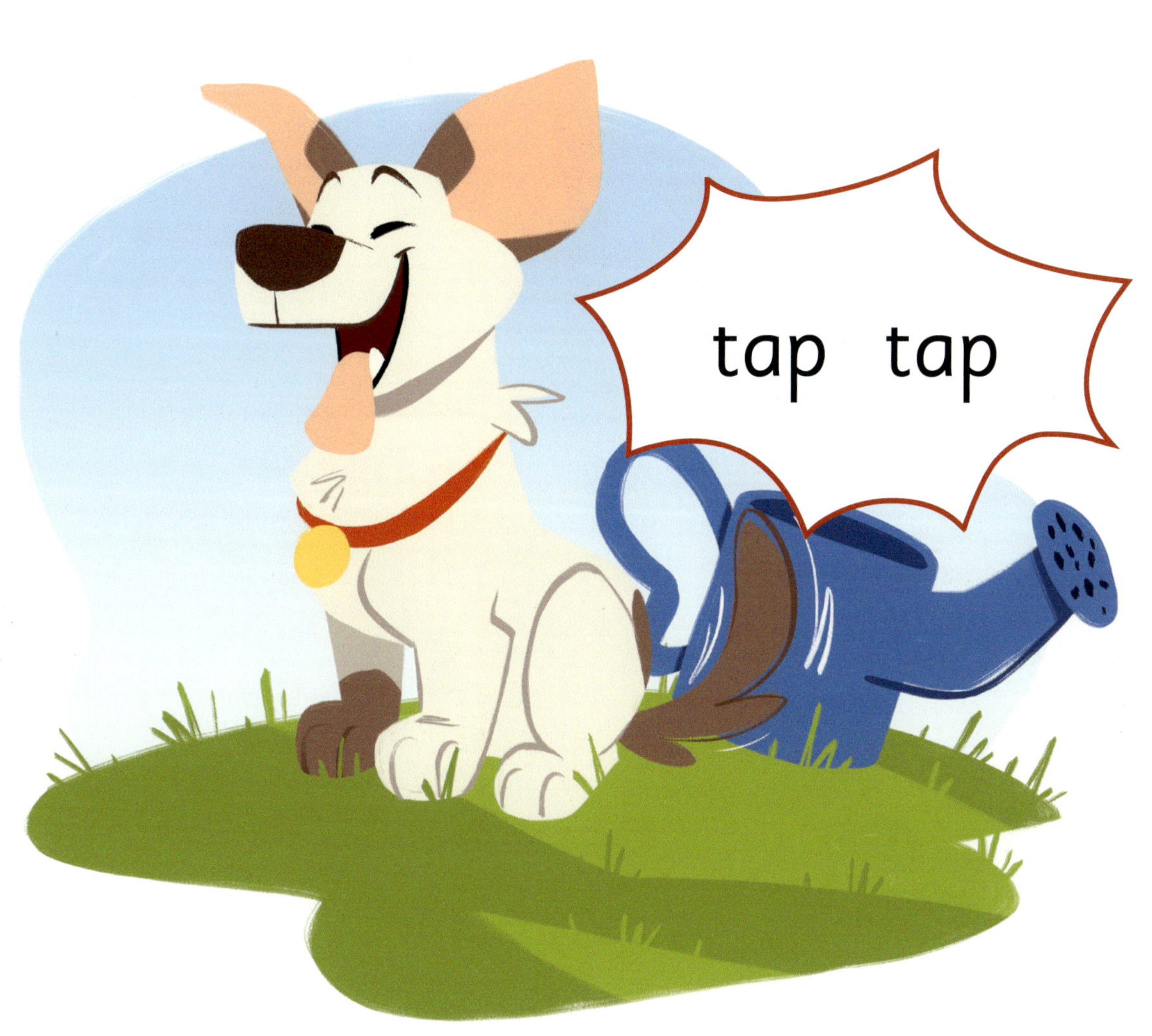
tap tap

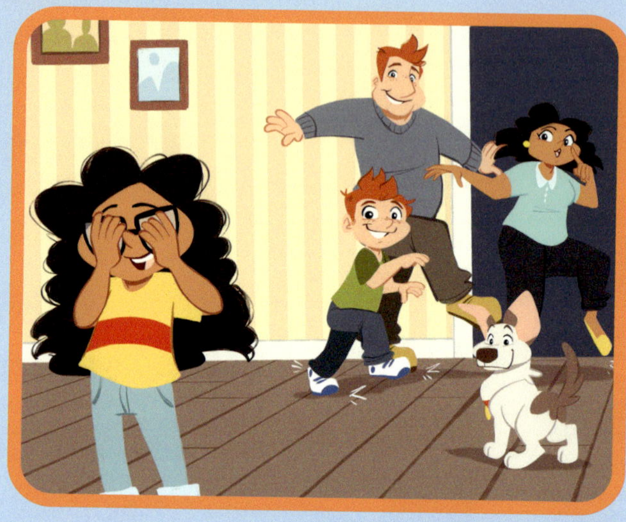

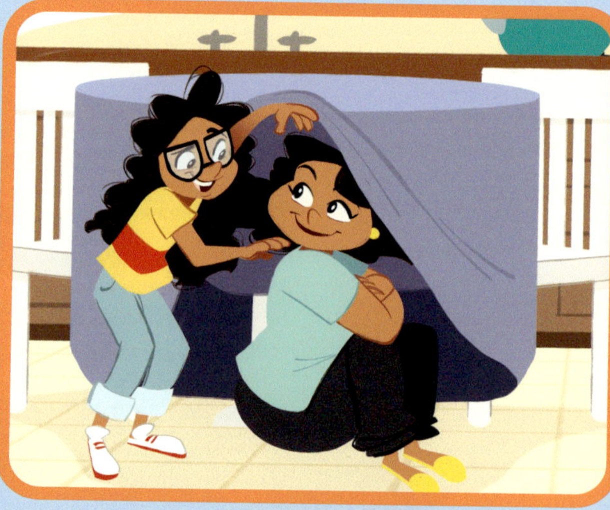

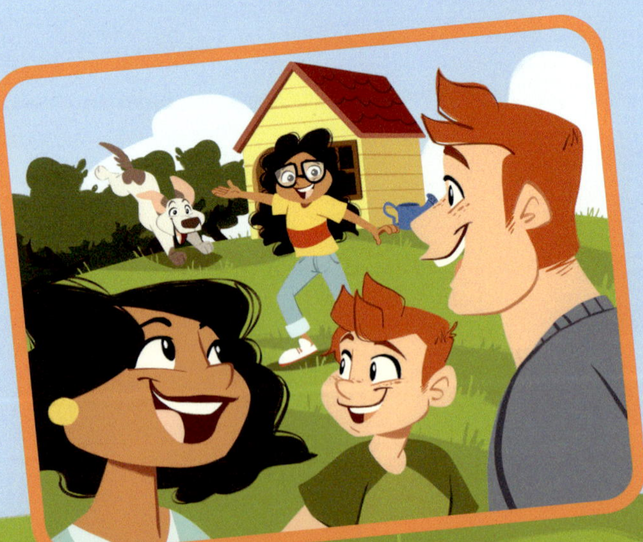

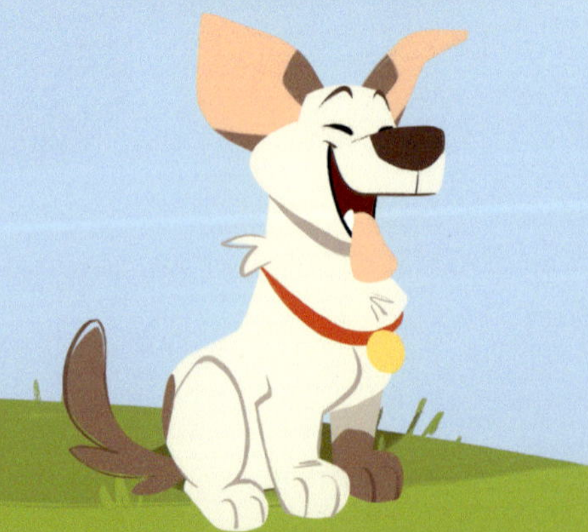